JN075621

o n e　15 | 14

には、オンナを見る目がない。オレの判断力は信頼できない」という自己暗示を与えているという深刻な現実にまったく気づいていないのです。

自分で選んだはずの奥さんの悪口を人に言うとき、その人は、自分の男としての値打ちを自ら下げている。それに、「オンナを見る目のない人」は、当然、浮気相手を選ぶ目すら持ち合わせていないということになります。

そんな人が、いくら浮気をしたところで、どうしてハッピーになんかなれるでしょうか？

親しく付き合っていけば、相手の欠点も見えてくるでしょう。でも、少しぐらいはいいところがあるはずです。そうでなければ、最初から好きにならなかっただろうし、結婚を決断することもなかったはずです。

「でも、オンナってもんは、結婚すれば変わるからね」と、その人は言います。

違います。

その人が変えてしまったのです。

かつては魅力的だったはずの奥さんを、その人自らが魅力のない女性に変えてしまったのです。

o n e　17 | 16

手《た》綱《づな》をしっかり握ること

僕の尊敬するある会社の社長は、結婚して三〇年くらいになる奥さんの話をするとき、こう言います。

「そりゃあ、若い女の子のほうが魅力的に決まっているだろうけどね。同い年で結婚したので、家内もずいぶん年を取った。でも、オレが苦労させてきたからだなあと思うと、ますます愛《いと》おしく、かわいく感じるよ」

その社長の会社には、同業者がうらやむほど、すばらしい社員が集まってくる。それはその社長に、特別な才能があるからでも、類《たぐい》まれなる魅力があるからでもない。潜在意識の使い方をよく心得ているからなのです。

別れた恋人のことを悪く言う女性がいます。「こんなにダメな男がいた」と酒の肴《さかな》にします。自分で付き合うことを決断し、かつては夢中になったはずの相手のことを笑いものにするとき、その女性は、「私にはオトコを見る目がないんだ。恋愛運も恋愛センスも欠けているんだ」と、自分に暗示を与えていることになります。

その人は、「いい男性が現われれば自分だって幸せになれる」と思っています。し

o n e　　19 | 18

o n e　21 | 20

かし、そうはいきません。自分自身が、こうやって、自分の心を幸せな恋愛のチャンスから遠ざけているからです。

潜在意識というと、何か難しいものだとか、怪《あや》しいものだとか思ってしまう人がいますが、とてもシンプルで当たり前なものです。

潜在意識という馬にキミは乗っている、そう考えてみてください。キミの与えた指示どおりに、馬はキミを導くのです。キミが右に曲がれと指示しておきながら、なぜまっすぐ走らない馬を責めることができるのでしょう？

裏切られて別れた恋人のことを思い出すときも、その人が魅力的だったところに気持ちを向けようとキミが努力すれば、キミの潜在意識はキミをソウルメイトへと導いてくれるのです。

同じように、自分が選んだ仕事の悪口を言うとき、その人は自分の判断力の鈍さを強めてしまいます。最悪の職場であっても、その職場の少しでもいいところに気持ちを向ける努力をするからこそ、やがてすばらしい転職のチャンスも訪れるのです。

o n e 23 | 22

もっと幸せになるために

もちろん、職場や恋人や奥さんの悪いところから目をそらせと言っているのではありません。しかし、「その職場や恋人や奥さんを選んだのは、自分なんだ」という事実を忘れないようにしてほしいのです。それを、まるで自分が一方的な被害者であるように考えてしまうのがよくないのです。

「この状況は、自分が選んだ結果なのだ」と言えるとき、その人は、自分の人生の手綱をしっかりと握っていることになる。だから、より望ましい現実を作り上げるべく、潜在意識という馬を導くこともできるのです。

　他人のせいにするとき、その人の人生は、まるで手綱を手放し、暴れ馬に振り回されているようなものです。

「他愛もない愚痴じゃないか。そんなことくらい大したことはないだろう」と思う人もいるでしょう。

　しかし、潜在意識には、それが真剣な言葉なのか、他愛もない愚痴なのか、その区別がつかないのです。

o n e 25 | 24

o n e 27 | 26

「今のは冗談だよ」と言ったところで、馬には理解できません。キミが右に曲がれという指示を馬に出したことは間違いないのです。

キミの人生や人間関係が期待どおりにいっていないとき、もちろん、悪いところを改善しようと努力することは必要です。けれども、それと同時に、「少しでも上手くいっているところ」に気持ちを集める努力も忘れてはいけません。

上手くいっているところに気持ちを集めて、それに感謝し、喜ぶとき、キミの潜在意識は進むべき方向を理解します。「ああ、こっちに行けばいいんだな。これが求められているんだな」と考え、そのごとくにキミを導いてくれます。

だから、少しでも感謝できるところにがんばって気持ちを向けましょう。今日から愚痴を少しだけ減らすように心がけてみればいい。

愚痴を言うことはたしかに快感には違いありません。でも、その快感を僕はキミから奪います。

なぜなら、僕は、どうしてもキミに幸せになってほしいからです。

o n e 29 | 28

two

どうしても嫌いな人がいるとき

抱きしめたいくらいに大好きな人も、
顔も見たくないほど大嫌いな人も、
百年後にはもう存在しない――

百年のスコープ

学校で成績が悪くても、社会に出て大成功する人もいます。いや、むしろ学校で成績が悪かったからこそ、社会に出たら自己実現をしようと、必死にがんばれたのかもしれません。だとすれば、学校で成績が悪かったということは、その人にとってはむしろプラスの出来事だったと言えるでしょう。

友人とぶつかり合ったとします。しかし、今日ぶつかり合ったことで、明日にはより親密な仲になることだってあります。そうなると、ぶつかり合ったことは単なる憎しみの表現ではなく、お互いの関係をより高めるための建設的な行為だったということになります。

つまり、僕たちが何かで悩むときには、たいてい、一定の狭い時間枠の中で悩んでしまっているということ。その時間の枠を広げて考えてみれば、たいていの悩みは、悩みでなくなってしまうものなのです。

だから、何か問題を抱えているときには、「待てよ、ひょっとすると自分は、限られた時間枠の中だけですべての価値を判断してしまっているのではないだろうか？」

t w o　35 | 34

t w o 37 | 36

と問うてみる。それによって、その問題を克服するだけでなく、プラスに作用させることもできるものです。

昨日今日にこだわってしまうから、不安にもなるし、苛立《いらだ》ちもする。もっとスコープを広げればいいのです。

しかし、僕たち人間は、どんなに用心して生きても、その寿命はせいぜい百年かそこらです。

樹齢数千年という樹木もあるのに、人間が生きられるのはわずか百年です。

抱きしめたいくらいに大好きな人も、顔も見たくないほど大嫌いな人も、百年後にはもう存在しません。

みんな、いなくなってしまうのです。

そう考えると、この限られたわずかな時間の中で、あの人のここが好きだとか、ここが嫌いだなどと、ちまちま気にしているのも馬鹿らしく思えてきます。

カーテンコールで、役者たちが一列に並んで観客に挨拶をするシーンがあります。

善人も悪人も、みんなが笑顔で手を取り合います。それこそが、百年後の僕たちの姿なのではないかと、そう思うのです。

t w o　39 | 38

二つの面

たしかに、世の中には、どこにいっても嫌われ、軽蔑され、疎《うと》ましがられる人がいます。しかし、自ら好んで嫌《いや》なヤツをやりたいと思う人が本当にいるでしょうか？　いったい、どうして彼らは嫌われモノをやっているのでしょうか？

もし、人生は一幕の演劇にすぎず、みんなが役者だと考えたらどうでしょう？

誰だって心正しき主人公を演じたいと思っているはずです。でも、それでは演劇が成り立ちません。嫌われモノを演じる人も必要だし、セリフもなく目立たない通行人の役もなくてはならない。

だから、全体のバランスとして、いい人がいるということは、悪い人もいなくてはならないことになります。

僕は、「世の中から女性がいなくなったら、どうなりますか？」と門下生に聞いてみることがあります。

たいていは、「生き甲斐がなくなる」とか「子孫ができなくなって人類が滅びる」などという答えが返ってきます。

t w o　41 | 40

t w o 43 | 42

しかし、女性がいなくなったら、男性もいなくなります。女性がいるから男性もいる。もし、男性だけだったら、そもそも男性という区別を立てる必要そのものがなくなってしまいます。そうなれば、僕たちは、男性というものの意味を知ることはないでしょう。

「どんなに薄くスライスしても、必ずふたつの面ができる」というのは、スピノザの言葉ですが、どんなものも一面的に存在することはありません。必ず両面があるからこの物質界に顕現《けんげん》できるのです。

もし、世の中のすべてが善人であったら、そもそも僕たちは善なるものを知ることができません。正しい人ばかりだったら、正しいということの意味を知ることはありません。

寒さがあるから、暖かさを知ることができる。

貧しさがあるから、豊かさを理解することができる。

病があるから、健康というものの意味が理解できる。

僕らは、心の正しさを学ぶためにこそ、心悪《あ》しき存在を必要とするのです。

t w o　45 | 44

手を取り合って

だとすると、キミが大嫌いなあの人も、じつは、「嫌なヤツ」という配役をもらってこの世の中に生まれてきたのだと考えてみることはできないでしょうか?

生まれてくる前の世界で、たぶん、みんなで話し合ったのです。そして、「キミが心の正しさを存分に表現できるように、今回はオレが悪者役をやるよ」と、その人は言ってくれたのかもしれない。

潜在意識の世界の特徴のひとつは、その「全体性」にあります。

意識の世界では、「私」が重視されます。「私よりも、あの人のほうが得をしている」ということに気を揉《も》みます。

しかし、潜在意識は、常に、全体が向上することを求めます。だから、自分だけハッピーになればいいという考え方はまったくない。みんなが手を取り合って成長しましょうというのが、潜在意識の世界の黄金律なのです。

全体を大切にするということは、率先して犠牲になってくれる存在が必要です。上になる人が必要なら、誰かが必ず下にならなくてはなりません。みんなが「オレは上

t w o 47 | 46

t w o　49 | 48

がいい」と主張してぶつかるのは意識の世界だけです。

役者がみんな、自分が目立つことだけを一番に考えていたら、その演劇は見るに耐えないものになるでしょう。

ところで、動物に対して、僕らは温かい気持ちを感じることができます。なぜそう感じるのかというと、僕たちは、心の深いところで知っているからです。彼らだって人間になりたかっただろうけれど、僕らを人間にさせるために、今回は、あえて猫や犬の役を選んでくれたのだ、ということを。

そういうふうに考えることができれば、キミは、自分より劣っている人を、馬鹿にしたり軽蔑したりすることなどできないはずです。心から感謝できるはずなのです。

僕たちは、せいぜい百年という短い上演時間の演劇を演じています。ぶつかり合いがあっても、悩みがあっても、それが演劇の味わいだと思います。

しかし、わずか百年の後には、みんないなくなってしまうのです。大切にすべきでない人など、ひとりとしているでしょうか？

t w o 51 | 50

three

目標を見失ってしまったとき

あるとても晴れた日に、
ついに僕はひとつの大切なことに
気づきました――

目標があるからこそ

僕の中学時代の友人に、根っからの野球少年がいました。朝練《あされん》のために毎日早起きをし、放課後も日が沈むまで泥んこになって練習をしていました。うらやましいくらいに、彼は活《い》き活きとしていました。

中学を卒業して、彼は、地元の会社に就職しました。

仕事をはじめて半年ほどしたころに、彼と会って話す機会があったのですが、そのときの彼は、以前の野球少年とはまったく別人のように萎《しお》れていました。

「納得のいかない仕事をしなくちゃいけないときがたくさんある。野球をしていたころは、野球が好きだったから、辛い練習にも、先輩の理不尽な指導にも耐えられた。でも、仕事で納得いかないことを我慢するってことは、本当にいいことなんだろうか？自分を裏切るようなことをしているんじゃないかって、最近、思うんだ――」

長身を折り曲げるようにうなだれて帰っていく彼の後姿を、僕は今でも鮮明に覚えています。

僕たちは、目標があるからこそがんばれる。苦しいことも、自分の活力に変えるこ

t h r e e　57 | 56

よしざわ

t h r e e　59 | 58

とができます。だから、目標を見失ったときほど、心から力が抜けてしまうことはない。

僕にも、そういう経験があります。

何年もかけて必死で積み上げてきたものを、心ない人によってすべて壊されてしまったことがありました。「いったい自分は何のために生きているんだろう？」と、あのかつての野球少年のように僕は途方《とほう》にくれました。

仕事を失い、何をする気も起こらず、公園のベンチに、一日中、ただ黙って座っていました。そんな日が何日も何日も続きました。

そんな中で、唯一僕の心をつなぎとめていたものは、セラピストとしてたくさんのクライアントの心の問題に取り組んできたという、誇りであり、プロ意識でした。

「潜在意識は、キミを守ってくれているんだよ」と、幾度となくクライアントたちを励《はげ》ましてきたのは、他ならぬこの僕ではなかったか？

今こそ、僕は自分自身が伝えてきた言葉への信念を試されているのだと思いました。

そして、忘れもしない、あるとても晴れた日に、ついに僕はひとつの大切なことに気づきました。

t h r e e 61 | 60

魂の成長ということ

たとえば、家をリフォームするとします。

壁紙やフローリングを張り替えるとか、和室を洋室に変えるとか、そんな程度のことであれば、今の家にちょっと手を加えるだけでも、十分に満足のいくリフォームができるでしょう。

でも、二階建ての家を三階建てに建て増すとなると、話はそう簡単にはいかない。単純に、二階の上に三階をつけ加えればいいというものではない。もともと二階建てとして設計されているのだから、無理やり三階部分を載っけたなら、全体に無理がでてきて、やがては家が崩れてしまうことになるかもしれないからです。

やっぱり、二階建ての家をすべて壊して、新しく三階建ての家として、一から造らないといけないわけです。

キミの成長も、それと同じことなのです。

髪型を変えるとか、引越しをするとか、転勤になるとか、そういうちょっとした変化であれば、基本的には今のキミを保ったままでも変われるでしょう。少しだけ無理

t h r e e　63 | 62

t h r e e　65 | 64

をすれば、新しい自分になれる。

しかし、人生においては、もっと大きな変化を求められるときがあります。

それは、キミの「魂」が大きく成長するときです。

魂が新しいステージに向けて大きく成長するときには、キミの人生が根本から変わらざるを得ない。外装や内装をいじるだけのリフォームでは間に合わないのです。

そのとき、キミの潜在意識は、二階建てのキミ、つまり、今のキミを崩壊させざるを得ない。そうしなければ成長できないような大きな成長だからです。

二階建ての家が崩れるとき、キミはすべての目標を見失ってしまったかのように感じてしまうことでしょう。すべてから見放《はな》されたと思えることでしょう。きっと、自分なんか生きている意味がないと、消え入るような気持ちにもなるでしょう。

しかし、落胆する必要はありません。潜在意識は、どんなときにもキミのもとにいます。

目標を見失ったのではない。今の虚無感は、もっと大きな目標を手に入れるための、静かなる前兆なのです。

t h r e e　67 | 66

今、立ち上がれ

もし潜在意識がキミに語りかけるとしたら、こんなふうに言うことでしょう。

「今まで二階建てとしてよくがんばってきたね。だからこそ、今、ついに三階建てのキミへと成長するときがきたんだ。ついては、今までの二階建てのキミを壊さなくちゃいけないんだ。僕も辛いけど、キミの成長のためだ。今までがんばってきたキミになら、必ず乗り越えられるはずだよ。これから、すばらしいものがキミを待っている。だから、いいかい？　僕を信じて待つことだ」

今までの自分が崩れ落ちる体験をするのは、たしかに苦しいことです。でも、「二階建ての家はこのままにしておきたい。そして、三階建ての新しい家もここに造りたい」というのは無理な相談です。

魂が大きく成長するためには、どうしても今のキミがいったん壊れないといけないのだから。

キミの魂が、古い自分を脱ぎ捨てて、新しい自分として生まれ変わるために、潜在意識は、あえてキミを苦《にが》い体験へと導いたのです。

three　69 | 68

t h r e e

それこそが、今のキミの挫折の本当の正体です。

キミが目標を失い、挫折してしまったことは、意識のレベルで考えると、魂の成長とは何の関係もないように見えることでしょう。あるいは、バチが当たったのだと思ってしまうかもしれない。

しかし、潜在意識の世界では、善き意図もなく、ただ辛いだけの体験が与えられるということはありません。意識の世界に酸素が満ちているように、潜在意識の世界は愛に満ちているからです。

だから、「破壊のための破壊」ということはあり得ない。「辛い思いをさせるためだけの体験」ということは構造的に起こり得ないのです。

まして愛するキミにバチを当てるなど、潜在意識には思いもつかないでしょう。

挫折があるとしたら、それは必ず「魂が成長するための挫折」です。「建設のための破壊」なのです。

この気づきを得たとき、僕は、微笑《ほほえ》んで公園のベンチから立ち上がりました。

キミにも、そうしてほしいのです。

t h r e e 73 | 72

t h r e e

75 | 74

four

幸せが足《た》りないと感じたとき

どんなものもやっぱり、
自分を大事にしてくれる人のところに
集まってくる――

すべてのものには魂がある

先日、知り合いの女性が高価なバッグを思い切って買いました。ずっと前から欲しかったものだそうです。

ところが、そのバッグを買って帰るとき、電車待ちの列で、たまたま隣に並んだ人をふと見て彼女はびっくりしました。その人は、彼女が買ったばかりのものとまったく同じバッグを提《さ》げていたのです。

そのバッグは、街を歩いていても、めったに持っている人を見かけないような、ちょっと珍しいものなのです。偶然にしては、いささかできすぎています。

彼女は、「私が買ったまさにその日に、しかも隣に偶然に並んだ人がまったく同じバッグを持っているなんて、これはいったい何を意味しているのだろう？」と驚いていました。

同じような体験は誰にでもあるはずですが、こういうシンクロニシティのようなことが起こると、「これにはどんな意味があるのだろう？」「これは何を私に言おうとしているのだろう？」などと、つい考えてしまいがちです。

f o u r 81 | 80

f o u r　83 | 82

でも、本当は、こういうことには、別に意味なんかないんです。

そう、特別な意味なんかない。

バッグだって、珍しく同じ仲間が近くにいると思ったら、やっぱり嬉しくて近づきたくなる。ただ、それだけのことなのです。

バッグは、キミのことなんかどうでもいい。ただ、仲間がいるから嬉しくて近づいただけなんです。キミにとっての意味なんか、別にないんですね。

バッグには魂がない、ただのモノだと思っているから、「これは、神様が私に何かを言おうとしているのだ」なんて自分中心に考えてしまうのです。ただ、「あ、お友達が近づいてきたね。よかったね」と、そう思えればいいのです。

すべてのものには魂がある。だから、どんなものもやっぱり、自分を大事にしてくれる人のところに集まってくる。お金はお金を大切にしてくれる人のところに来るし、幸せは幸せを大事にしてくれる人のところに来るのです。

f o u r

幸せを呼ぶコツ

キミもそうであるように、誰だって居心地のいいところに行きたいと思うし、自分のことを大切にしてくれる人のためになら、がんばろうという気にもなる。

よく、スプーン曲げなんかをやる人がいますね。でも、スプーンだって自分を曲げる人のところになんか本当は行きたくないはずです。だから、同じ超能力の実験をやるのなら、「曲がったスプーンをまっすぐに直してあげる」という超能力のほうが、スプーンも言うことを聞いてくれやすくなるはずなんです。

まあ、スプーン曲げなんかどうでもいいことですが、こういう考え方ができるようになってくると、幸せを呼ぶコツも分かってくる。

たとえば、どうやったらお金持ちになれるかとか、どうやったらモテるかとか、どうやったら目標を実現できるかと悩んでいる人がいるけれど、別に頭を抱えるほど難しいことではない。要するに、「お金なり異性なり目標なりが、喜んで近づきたくなるような自分になる」ということ。ただ、それだけのことなんです。

花屋さんに花がたくさんあっても、何とも思わないのに、ちょっとお金を稼いでい

f o u r 87 | 86

f o u r 89 | 88

る人がいると、悪人呼ばわりする人がいる。そういう人はつまりお金を嫌っているわけです。自分を嫌っている人のところに喜んで来る人なんかいない。だから、お金だって来ないんです。

モテない人ほど、モテる人に嫉妬して陰口を言ったりする。それは、要するに恋愛とかモテることを悪く思っているということです。だから、恋のチャンスもやってこないし、モテるようにもならない。

だから、幸せを呼ぶコツは、たとえそれがどんなに些細《ささい》なものであっても、今、手元にある幸せに、常に心から感謝できる自分になること。「ああ、今日も元気で仕事ができてありがたいな」と思うようにしてみるのです。

そうすれば、幸せのほうだって、「ああ、この人はこんな小さな幸せも大事にしてくれるんだなあ。それじゃ、オレもこの人のところに行こう」と思うに決まっているのです。

four 91 | 90

想いは叶《かな》えられる

ところが、これとまったく反対のことをやってしまう人がいます。

「まったく、ウチの商品はどうしてこうパッとしないのかね」とか「なんでこんな安い仕事しか来ねぇんだよ」などと、いつも愚痴をこぼしている社長がおりました。

モノには魂がないと思っているから、平気でこんな愚痴が言えるのです。こんなことを言われたら、商品や仕事の魂たちがどれだけ傷つくか、考えてみてください。どんなに優れた商品があったとしても、その商品の魂は、この社長のところだけは避けて通るはずですし、何十億円もの仕事のチャンスがあっても、その仕事の魂は、迷わず別の会社に行ってしまうでしょう。

もっとお客さまが欲しければ、今、ごひいきにしてくれているお客さまを大切にすること。

健康が欲しければ、病気がちだったとしても、今、こうして生きていられることを喜ぶこと。

お金が欲しければ、わずかだったとしても、今あるお金を大切にかわいがること。

four　93 | 92

f o u r　95 | 94

奥さんやご主人の理解が欲しければ、どんなに不満があっても、今、分かり合えている部分に感謝をすること。

すべてのものには魂がある。それが理解できれば、こういう心がけも自然にできるようになります。

魂は人間にしかないと思っているとしたら、それは驕《おご》りです。潜在意識の深いところでは、すべてのものに魂が宿っています。これは、たとえ話でも、おとぎ話でもありません。潜在意識の世界における、退《の》っ引《ぴ》きならない現実なのです。

僕は、子どものころから本が好きでした。友達がプラモデルを買っているときも、おこづかいのすべてを本のために使いました。誰かが、本を足で踏んだり、乱暴に扱っているのを見ると、とても胸が痛んだし、欲しい本が高価すぎて手がとどかなかったときには、叶わぬ恋を想うように苦しかったのを覚えています。

本の魂は、そんな僕の想いに応えてくれました。だからこそ、こうして、大切なキミに、自分で書いた本を贈ることができるようになれたのだと思うのです。

five

不幸が訪れたとき

キミほどの
大きな人間でなければ、
この苦しみは
与えられなかったのだから――

心のバイキン

不幸や困難にぶつかると、「バチが当たった」とか、「神様に見捨てられた」とか、そんなふうに考えてしまう人がいますが、それは間違いです。

潜在意識は、誰よりもキミを愛しているのです。バチを当てたり、見捨てたりなどするはずがありません。

　これからお話ししたいことは、ちょっと難しい話なので、あえておとぎ話のようなたとえを使って説明させていただきます。

　無菌室で生活するのでない限り、僕たちの周辺には常にたくさんの黴菌《ばいきん》がうごめいています。でも、その黴菌にやられて病気にならずに済んでいるのは、キミの身体に抵抗力があるからです。

　ところが、何らかの理由で抵抗力が弱ったときに、その黴菌たちがここぞとばかりにキミの身体に攻撃をしかけてきます。

　だから、同じ環境で生活していても、風邪をひく人もいれば、まったく平気な人もいる。風邪菌がいたから風邪をひいたのではなくて、もともといる風邪菌に攻めこま

f i v e　103 | 102

れる隙《すき》があったから風邪をひいたのです。

もっとも、僕は医者ではないので、今の話は黴菌とか風邪の適切な説明にはなっていないと思いますが、意味は分かってもらえると思います。

さて、ここでちょっとショッキングなお話をします。

僕たちの周辺には、風邪菌と同じように、「不幸菌」がたくさんいます。もちろん、目に見えないだけで、これがじつにウジャウジャいます。顕微鏡で見ても見えません。これは心の黴菌だからです。

それでも、たいていは、その不幸菌にやられてしまわずに平穏《へいおん》な生活を送ることができているのは、キミの潜在意識が、キミをこの不幸菌から守ってくれているからです。ちょうど、体力のある身体が、風邪菌からキミを守ってくれているようにです。

しかし、それならば、人生の中で、ときとして不幸に見舞われたり、辛い出来事が訪れてしまうのは、いったいなぜなのでしょうか？　潜在意識が守ってくれているのではなかったのでしょうか？

f i v e 107 | 106

潜在意識がキミから離れる理由

潜在意識は、キミを心から愛し、そして、常にそばにいてキミを守ってくれています。

しかし、そんな潜在意識の「一部」が、やがてキミから去らなくてはならないときがきます。

それは、潜在意識が、キミの成長を見届け、「キミはもうひとりで立てる」と判断したときです。そのとき、潜在意識の一部がキミを去ります。キミにはそれだけの力があることを知っているからです。

さあ、これまで潜在意識が助けてくれていたことも、これからはキミ自身がやらなくてはなりません。キミは、より高い段階へと成長したのだから。

しかし、潜在意識の一部が去ったばかりの、まだキミがその新しい状況に慣れていない一時的な隙間《すきま》を狙って、例の不幸菌たちがキミに攻撃をしかけてきます。

不安に思う必要はありません。自転車の補助輪を外したばかりの瞬間は、誰だってぐらつくはずです。キミはしっかりと耐えることができるはず。そう確信したからこそ、潜在意識の一部はキミを去ったのです。

f i v e 111 | 110

だから、キミが大きな成長を遂《と》げるときや、人生の新たな段階に入るとき、その直前にこそ、不幸に見舞われてしまうことがあるのです。

今、キミが直面している辛い出来事は、キミを苦しめるためのものではない。キミがより高き存在へと成長したことの証です。自分の一部を、愛するキミから切り離すときの、潜在意識の想いを感じてあげてください。愛するがゆえに、あえてキミの補助輪を外してくれたのです。苦しいときこそ、潜在意識のその想いを信じてほしい。

「でも、病気や事故に見舞われて死んでしまう人だっている。それでも潜在意識が守ってくれていると言えるのでしょうか？」という疑問をもつかも知れません。

僕はこう考えます。

その人は、この人生での役割を終え、より高いレベルの存在へと向上したのだと。

僕にも、苦しみながら死んでいった家族がいます。

しかし、苦しみのための苦しみなど、与えられることはない。天国というより高き場所に導かれるために、あの苦しみがあったのだと、僕は信じています。

f i v e 113 | 112

目をそらさないこと

不幸に見舞われたときには、まるで、誰もがキミの庭にだけゴミを投げ捨てていくような、そんな惨《みじ》めな気持ちにもなるでしょう。

でも、いじけてはいけません。淡々《たんたん》とひとつひとつそのゴミを片づけていきましょう。

「大変だね」と慰《なぐさ》めてくれる人の言葉の中にも、「自分じゃなくてよかった」という響きを感じてしまうこともあるでしょう。人を信じられなくなってしまうのも、こういうときです。

でも、その人を責めてはいけません。この課題は、キミの課題なのです。その人のものじゃない。

もちろん、辛いときに人の助けを借りることも悪い考えではありません。けれども、「すべて私にお任せください」と言ってくれる人を期待しているなら、諦《あきら》めたほうがいい。そういう人はいないし、もしいたとしても、それは、心が弱っているキミを利用しようと考えている人だからです。

本当にキミを愛する人は、哀《あわ》れに思って慰めたり、安易に手を貸そうとなんかしな

f i v e 115 | 114

f i v e　117 | 116

い。キミは必ず自分の足で立てる人だということを、ただ黙って信じてくれる。そういう人だけが、キミの本当の友です。

キミの課題は、キミがやるからこそ意味があるのだし、やっぱり、どうあがいてもキミにしかできない。どうかそのことに気づいてください。

不幸に見舞われ、心が揺れてしまったときの唯一の有効な対処方法は、最悪の事態からも目をそらさず、しっかりと見据《す》えることです。

そうすると、必ず勇気が湧いてきます。それは、もともとキミの中にあった勇気です。キミが忘れていただけの勇気です。

覚悟を決めるまでは、キミは逃げ惑《まど》う「被害者」です。しかし、覚悟を決めれば、キミは立ち向かう「勇者」になります。

どうぞ、誇りを持ってこの困難に挑んでください。

キミほどの大きな人間でなければ、この苦しみは与えられなかったのだから。

five 119 | 118

six

怖くなってしまったとき

自分を守ってくれる
存在がいることを信じる。
それが「勇気」という
言葉の本当の意味——

恐怖心の誘惑

怖いという感情を抱いてしまうことは、誰にでもあります。死を目前にした現実的な恐怖もあれば、恋人にいつかフラれるんじゃないかという幸せであるがゆえの恐怖もあれば、いつか通り魔にでも刺されるんじゃないかという根拠のない漠然とした恐怖もあるでしょう。

もちろん、恐怖心を完全に払拭《ふっしょく》することなどできないだろうし、怖いと思う気持ちがあるからこそがんばれるというプラスの側面もあります。

キミが、今、恐怖に飲み込まれそうになっていることだって、おそらく、もっともな事情があるのだと思います。怖いと思っても、無理はないのかもしれません。

でも、セラピストとしてたくさんの人たちの心の問題に一緒に取り組んできた経験から、この「恐怖心」ということに関してだけは、僕はどうしてもキミに伝えなくてはならないことがあるんです。

これからの僕の話を聞いて、キミがどれだけ理解してくれるかは分かりません。正直、伝えるべきことを正確に伝えられるかどうか、僕には自信がありません。そのく

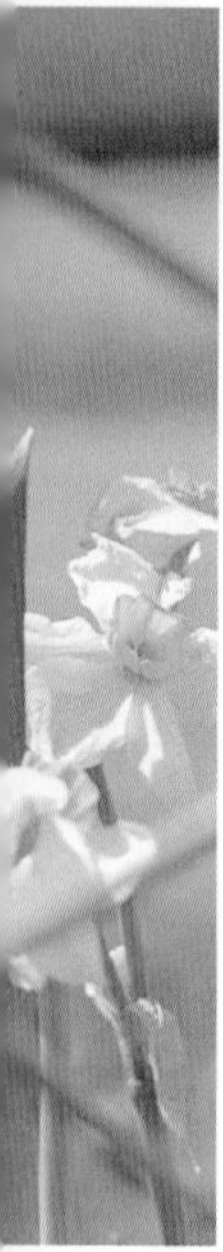

s i x　125 | 124

s i x

らい、とても難しい問題なのです。

なぜ難しいのかというと、他ならぬ恐怖心そのものの中に、恐怖心の「正体」を隠す仕掛けが組み込まれているからです。

巧《たく》妙なコンピュータウイルスには、ウイルス駆除ソフトを巧みにかいくぐる工夫が凝《こ》らされています。素直にウイルス駆除ソフトに検知されてはウイルスの意味がありません。だからこそ、新種のウイルスとウイルス駆除ソフトのイタチごっこが続くわけです。

恐怖心にも同じような仕掛けが組み込まれています。恐怖心は、「こんな事態なんだ。怖くて当然だろう?」とキミを誘惑してきます。それに説得されてしまって、怖がるのが当たり前なんだと思い込まされてしまう。

騙《だま》されてはいけません。その誘いにこそ危険があるのです。

「怖がらなくて大丈夫だよ」とキミを励《はげ》ましたいのではありません。むしろ、僕はキミに警告したいのです。「絶対に怖がってはダメだ」と。

s i x　129 | 128

守られているということ

意識的に考えれば、「恐怖心を持たずに生きよう」などというと、よっぽど警戒心の薄い、頭の緩《ゆる》い、感性の鈍い人間だと思われてしまいます。世の中には怖いことはたしかにたくさんあるのだから、怖いと思っても当然じゃないかと、そう考えるのが普通です。

しかし、潜在意識的に考えてみたとき、恐怖心の正体がはじめて見えてきます。

怖いと思った時点で、その感情そのものが、「私は守られていない」という自己暗示を構成してしまいます。本当に何かに守られているのなら、怖がる必要などないはずだからです。

キミは車に乗ったことがあるはずです。対向車が一〇〇キロ近いスピードでキミのすぐ横をかすめていきます。その対向車が、ほんの少しだけハンドルを切れば、ただのペンキの線にすぎないセンターラインを簡単にはみ出して、キミと正面衝突をします。キミは即死です。

対向車にどんな人が乗っているのかなんて、キミには知る由《よし》もありません。誰かを

six 131 | 130

s i x 133 | 132

巻き添えにして死んでやろうと自暴自棄になっている人かもしれない。連日の徹夜でウトウトしてしまっている人かもしれない。そうでないという保証が、いったいどこにあるのでしょうか？

「そんなヤツはめったにいない」と、そう思うでしょうか？　しかし、今までキミはいったい何万台、何十万台の対向車とすれ違ってきたことでしょう？　その中にたったひとりの危険な人物もいなかったと無条件に信じこめるとしたら、あまりにもナイーブです。

そう。僕たちは、文字どおり、流れ弾《だま》の飛び交《か》う日々を生きているのです。

でも、これを読んでいるということは、たぶん、キミは今、生きているはずです。あらゆる危険が潜《ひそ》む人生の中で、何十年もの間、生き抜いてきたということです。

キミは、それを偶然だと思うのでしょうか？

いいえ。僕たちは、意識を超えた何かに守られているのです。それを神様と呼ぼうが、天使と呼ぼうが、ご先祖様と呼ぼうが、潜在意識と呼ぼうが同じことです。

僕らは、常に何かに守られて生きているのです。

s i x　　135 | 134

感謝するということの本当の意味

恐怖心を感じるということそのものが、キミを守ってくれている存在を否定する自己暗示になってしまいます。

恐怖心は、「あんたを守ってくれている潜在意識？　そんなものは存在しない。あんたは孤立無援で、ちょっと足を踏み外《はず》したり、石に躓《つまず》いただけで、簡単に転んで、打ち所が悪くて死んでしまうかもしれないほどの頼りない存在なんだよ。どうだい？　怖いだろう？　潜在意識なんか、ないだろう？」と、キミに信じ込ませようとしているのです。

そうです。キミを愛し、守ってくれている潜在意識の存在を、他ならぬキミ自身によって否定させることこそが、恐怖心の本当の狙いなのです。

それこそが、恐怖心の正体です。

その誘いに乗ってしまうことで、キミの潜在意識は力を失ってしまいます。そして、本当は回避できたはずの事態を、キミ自身が勝手に膨《ふく》らませて対処できないほど困難なものにしてしまうのです。

s i x　137 | 136

s i x　139 | 138

恐怖に飲み込まれてしまいそうな事態は、キミの人生にも起こり得ます。しかし、キミに解決できないような圧倒的な事態が起こることは決してありません。

自分を守ってくれる存在がいることを信じること。それが「勇気」という言葉の本当の意味です。

だから、どうしようもない恐怖心が襲ってきたときでも、キミは自分にできることをしていけばいい。今、この瞬間にキミにできる対処を、淡々《たんたん》とこなしていけばいいのです。それがどんなに小さなことでも、キミにできることをして、後は、潜在意識に任せればいい。

潜在意識が、キミを今日まで生かし続けてくれたのだという確かな実績を、決して忘れてはいけません。

自分は自分の力だけで生きてきたのだという驕《おご》った考えを持つ人だけが、恐怖心の誘いに乗ってしまうのです。だから、自分は生かされているのだと謙虚に感謝できる人には、恐怖心もつけこむことはできません。

恐怖心に打ち克つ唯一の方法は、自分を生かしてくれているすべてのものへの感謝の気持ちを持てるようにすることなのです。

s i x　141 | 140

seven

すべての出逢いに

キミがいるから、
僕の魂は
満たされているのです——

キミが求めた出逢い

身体に糖分が足《た》りなくなると、何となく甘いものが食べたくなる。塩分が足りなくなると、何となくしょっぱいものが欲しくなります。

身体に糖分や塩分が足りていないのだということを、キミは別に意識しているわけではありません。意識していなくても、何となく必要なものを求めてしまう。

食べ物には、甘いものもあれば苦《にが》いものもあります。酸《す》っぱいものもあれば、塩辛《から》いものもあります。そのときどきに身体が求めるものが欲しくなる。

肉が好きだから肉だけを食べるかというと、そうではありません。何となくちょっと付け合わせに野菜も欲しいなとか、自然にそんなふうに感じる。だから栄養学などの知識がなくても、何となく身体が求めるものをほどよく食べていれば、たいていはそれで自然に栄養のバランスが取れてしまう。

本来、健康とはそんなふうに保たれるものです。

なぜ、意識していなくても自然に必要なものを求めるのかというと、潜在意識がそう導いてくれるからです。

s e v e n　147 | 146

seven

149 | 148

そういうふうに導いてくれているのが潜在意識だとすると、それは何も食べ物に限ったことではないはずです。

これはキミの人生全般に言えることなのです。

キミは、いろいろな人たちと出逢います。同じような人ばかりと出逢うわけではもちろんありません。甘い人もいれば、辛い人も、苦い人もいます。とっても変わった味の人もいます。

そういう様々な出逢いが人生の折々に訪れるのはなぜかというと、やっぱりキミの潜在意識がキミに必要なものを引きつけているからなのです。

その意味では、「この人といると楽しいなあ」という人との出逢いばかりというわけにはいきません。バランスが必要です。

甘い人との出逢いはキミに安らぎや喜びを与えてくれるかもしれません。でも、苦い人との出逢いだって、キミに必要な何かを与えるために訪れたのです。

意識では気づいていないけれど、すべての出逢いは、キミが求めたから訪れたのです。

s e v e n　151 | 150

魂の栄養

身体が食物から栄養を吸収するように、キミの魂は、キミが接する人々の魂から栄養を得ます。これは文字どおりの意味に受け取ってもらってかまいません。

だから、どんなに人間嫌いの人でも、ずっとひとりでいると、やっぱり寂しくなってきます。誰かと話したいというような気持ちになってきます。

それはちょうど、しばらく何も食べないでいると、お腹《なか》が空《す》いてきて、食事をしたくなってくるのと同じです。魂が空腹になってくるからです。

しかし、お腹が満たされるのと、魂が満たされるのには、決定的な違いがあります。

お腹の場合は、食べ物を自分の中に「取り込む」ことによって満たされます。しかし、魂は、人から何かを「もらう」ことによって満たされるのではありません。

その逆です。

魂は、「与える」ことによって満たされるのです。

ひとりぼっちでいると寂しくなってきて、誰かに会いたくなるのは、誰かに会って、何かをもらいたいからではありません。何かを与えたいからです。

s e v e n　153 | 152

s e v e n　155　154

キミにもこのことは理解できるはずです。

プレゼントをもらえば、それは嬉しい。でも、愛する誰かのためにプレゼントを買って、その人が喜んでくれる顔を想像しながら、その包みを大事に抱えて帰るときほど、キミの魂が幸せに満たされるときはないでしょう。

どんなに高価なプレゼントを持っていても、それを受け取ってくれる人がひとりもいなかったら、そのプレゼントにどれほどの値打ちがあるというのでしょう？

たった一輪のバラしか買えなくても、それを受け取ってくれた人が感激して涙を流すほど喜んでくれたなら、キミの魂はどれほど満足するでしょう？

お腹は食べ物を与えてもらうことで満たされる。でも、魂にとっては、「与える人がいる」ということ以上の幸せはないのです。

「人に与えることで、やがてそれが自分に戻ってくるのだ」と言う人がいる。でも、そうではない。

与えることそのものが、すでに幸せなのです。

s e v e n　157 | 156

キミがいるから

すべての出逢いは、キミが必要としたから訪れたのです。キミの潜在意識が、その出逢いをキミにもたらしてくれたのです。

与えることでキミ自身の魂が幸せになるために、キミはその出逢いを必要としたのです。

すべての出逢いは、与える喜びのためにあります。

苦しんでいる人に思いやりを。
優しい人に感謝を。
攻撃してくる人に許しを。
冷《さ》めた人に情熱を。
憎しみに狂った人に理解を。
怖がっている人に勇気を。
絶望している人に希望を。

s e v e n　159 | 158

誰かに何かを与えてあげるチャンスこそが、すべての出逢いの意味なのです。

キミにすばらしい才能があっても、それを与えてあげる人がひとりもいなかったら、その才能にどれほどの値打ちがあるでしょう？

どんなに立派な仕事に就《つ》いても、キミのその仕事によって幸せにしてあげられる人がひとりもいなかったなら、その仕事にどれほどの価値があるでしょう？

キミがどんなに愛情深い人でも、その愛を受け取ってくれる人がいなかったら、その愛にどれほどの意味があるでしょう？

そして……。

どんなに立派な本でも、読んでくれる人がひとりもいなかったら、その本は何のためにあるというのでしょう？

この本のように、目立たぬささやかな本でも、手にとってくれて、読んでくれるキミがいるから、存在する意味があるのです。

だから僕は、僕の言葉を受け取ってくれたキミに、感謝したいのです。

キミがいたから、この本ができたのです。

ありがとう。キミがいるから、僕の魂は満たされているのです。

s e v e n

163 | 162

s e v e n　165 | 164

おわりに

読んでくれた人が、大切な人にプレゼントできるような本を作りたい――。それがこの本の企画の最初のコンセプトでした。

だからこそ、無骨《ぶこつ》な文字だけでなく、美しいヴィジュアルが欲しい。そう考えて、僕が伝えたいメッセージにぴったりな写真を撮ってくれる人を求めて、何人もの写真家の人を探してもらいました。

いかにも「癒《いや》してます」っていう感じじゃあ嫌《いや》だ。斜《しゃ》に構えて気取ったのもダメ。なかなかしっくりくる写真と出逢えませんでした。

しかし、はじめて白《しら》井《い》綾《あや》さんの写真を見せていただいたとき、まさに僕がこの本でキミに伝えたかった、「すべてのものには魂がある」というメッセージを、じつにさらりとかっこよく表現してくれる、その圧倒的なセンスに感動しました。

写真と文章――。

キミが日常に見ていたいろんなものが、きっと、新しい輝きを放《はな》ちはじめるよう、本書の構成そのものに、潜在意識に深くアピールするためのあらゆる工夫を凝《こ》らしました。

おわりに　171

大切にしてくれたら、嬉しいです。

僕ごときの本に、快く写真を撮り下ろしてくださった白井綾さん、『ダメな自分を救う本』に続き、二冊目の本を大切に作ってくれた祥伝社の栗原和子さん、そして誰よりも、本書を手にとってくれた、愛するキミに——心から感謝します。ありがとう。

二〇〇六年十一月

文庫版のための追記

「幸せ」って何だろう？

十六年たって

『大切なキミに贈る本』は、いまから十六年前に、「大切な人にプレゼントできるような本」というコンセプトで作りました。

大切な人が悩んだり落ち込んだり行き詰まったりしている。でも、その人に何を言ってあげたらいいかわからない。そんなときに、「よかったら読んでみて」と贈ることのできる本。押し付けがましくなく、気軽に読める本。文章を読むのもしんどいくらい疲れているなら、どこかユーモラスな気取らない写真の数々をただ眺めてくれるだけでいい。そんな本。

文庫化にあたって、説明の仕方や表現を変えたところはありますが、言いたいことそのものはいまでもまったく変わっていません。むしろ、干からびた冷たい言葉ばかりのこの時代だからこそ必要とされる内容だとすら思えます。

でも、いまの時代の読者に語りかけるとなると、ひとつだけ、どうしても言葉が足りないと思える部分がありました。

それは、「幸せ」ということについてです。

「幸せ」って何だろう？

第一章で、「僕は、どうしてもキミに幸せになってほしい」と書きました。

しかし、「幸せ」とは何でしょうか？

十六年前には、ただ「幸せ」とさえ言えば、それ以上の説明は不要でした。もちろん、人それぞれ、「幸せ」のカタチは異なるでしょう。それでも、誰もが自分なりの「幸せ」というものを想像できていたと思います。たとえ漠然としたものであったとしても。

もはや「幸せ」という言葉は、それほど自明なものではなくなりました。

たくさん友達がいて、いい恋愛をして、「適齢期」で結婚して、子どもを育て、やがて孫ができて、盆や正月には訪ねてきておじいちゃんおばあちゃん長生きしてねと可愛い笑顔を見せてくれる。

そういうわかりやすい「幸せ」を現実に享受できる人たちもいます。ですが、僕たちの多くは、テレビのＣＭに出てくるようなこんな「幸せ」のイメージに何か嘘くさいものを感じています。

だから、昨今では、「働かないで生きていくのが夢だ」とか「何もしないで食べて

いけたらいいのに」というような言葉が頻繁に聞かれるようになりました。極端に言えば、「生まれてこなければよかった」ということであり、「早く死にたい」ということでもあります。

しかし、それは、怠惰というよりは、「幸せにならなくてはいけない」という強制めいたものへの、潜在意識的な反発なのではないかと僕は考えています。

「幸せ」は目標なのか？

幸せになりたい。その目標を実現するために、いろいろと計画し、努力を積み上げる。そして、その「幸せ」をついに獲得する。そういう人たちもたしかにいます。

でも、「幸せ」って、そんなふうに「目標」にすべきものなのでしょうか？　僕にはどうもしっくりきません。

「あなたは幸せになるために生まれてきた」という言葉をよく聞きます。

これも何かが違うような気がします。「じゃあ、幸せになれないなら、その人には生まれてきた意味がないのか？」とすら僕は思ってしまいます。

ところで、「長く仕事を続けていくにはどうしたらいいか?」というようなノウハウを説く人がいます。僕には、やはり妙な感じがします。

目の前の仕事を全力でやるからこそ、それは次の仕事につながっていく。そういうことの結果として、振り返ってみて、「ああ、こうして長く仕事をさせてもらってきたんだなあ」と気づく。それがほんとうなんじゃないでしょうか。

つまり、「仕事を長く続ける」というのは、「目標」ではなく、「結果」なんじゃないかと思うんです。

仕事を長く続けようと思ったがために、出し惜しみをしたり、エネルギーを温存しようと手を抜いたりしてしまうかもしれません。人間には、やっぱりそういうズルいところがどうしてもあります。

だから、「仕事を長く続けよう」ということを目標とするよりも、「目の前のこの仕事はただ一度だけのかけがえのない仕事だ」と考えて全力を注ぐことのほうが、結果として、仕事を長く続けられることにつながるのではないでしょうか。

それと同じで、「幸せ」というものも、「幸せになろう」と思ってなるものではないのかもしれません。

大丈夫、キミは間違っていない

自分の人生におけるそのときそのときのことに真剣に精一杯に向き合った結果として「ああ、幸せだったな」と思える。そういうのが「幸せ」なんじゃないでしょうか。

だから、「幸せ」を目標とすべきではない。

目標となった「幸せ」は、やがて息苦しい強制となってキミの人生を暗くしてしまいかねないからです。

「あなたは幸せになるために生まれてきた」という言葉を、僕は信じません。キミは、「幸せ」になるために生きるのではない。

良い日もあるでしょう。悪い日もあるでしょう。キミは、キミの、キミだけのそんな一日いちにちを精一杯に生きればいい。

そのために、キミは生まれてきたのです。

たとえ世間一般の「幸せ」の中に自分がいなくても、大丈夫、キミは間違っていない。

文庫化にあたり、どうしてもそのことだけを付け加えたいと思いました。

二〇二二年四月

石井裕之

本書は、二〇〇六年十二月、小社より単行本『大切なキミに贈る本』
として刊行された作品を文庫化したものです。

切り取り線

一〇〇字書評

大切なキミに贈る本

購買動機（新聞、雑誌名を記入するか、あるいは○をつけてください）

□（　　　　　　　　　　）の広告を見て	
□（　　　　　　　　　　）の書評を見て	
□ 知人のすすめで	□ タイトルに惹かれて
□ カバーがよかったから	□ 内容が面白そうだから
□ 好きな作家だから	□ 好きな分野の本だから

●最近、最も感銘を受けた作品名をお書きください

●あなたのお好きな作家名をお書きください

●その他、ご要望がありましたらお書きください

住所	〒				
氏名		職業		年齢	
新刊情報等のパソコンメール配信を 希望する・しない	Eメール	※携帯には配信できません			

あなたにお願い

この本の感想を、編集部までお寄せいただけたらありがたく存じます。今後の企画の参考にさせていただきます。Eメールでも結構です。

いただいた「一〇〇字書評」は、新聞・雑誌等に紹介させていただくことがあります。その場合はお礼として特製図書カードを差し上げます。

前ページの原稿用紙に書評をお書きの上、切り取り、左記までお送り下さい。宛先の住所は不要です。

なお、ご記入いただいたお名前、ご住所等は、書評紹介の事前了解、謝礼のお届けのためだけに利用し、そのほかの目的のために利用することはありません。

〒一〇一-八七〇一
祥伝社黄金文庫編集長　萩原貞臣
☎〇三（三二六五）二〇八四
ohgon@shodensha.co.jp

祥伝社ホームページの「ブックレビュー」からも、書けるようになりました。
www.shodensha.co.jp/bookreview

祥伝社黄金文庫

大切《たいせつ》なキミに贈《おく》る本《ほん》
「幸《しあわ》せ」ってなんだろう？

令和4年6月20日　初版第1刷発行

著　者　石井裕之《いしいひろゆき》
発行者　辻　浩明
発行所　祥伝社《しょうでんしゃ》
〒101－8701
東京都千代田区神田神保町3－3
電話　03（3265）2084（編集部）
電話　03（3265）2081（販売部）
電話　03（3265）3622（業務部）
www.shodensha.co.jp
印刷所　萩原印刷
製本所　ナショナル製本

本書の無断複写は著作権法上での例外を除き禁じられています。また、代行業者など購入者以外の第三者による電子データ化及び電子書籍化は、たとえ個人や家庭内での利用でも著作権法違反です。
造本には十分注意しておりますが、万一、落丁・乱丁などの不良品がありましたら、「業務部」あてにお送り下さい。送料小社負担にてお取り替えいたします。ただし、古書店で購入されたものについてはお取り替え出来ません。

Printed in Japan　© 2021, Hiroyuki Ishii　ISBN978-4-396-31824-6 C0130

パ ー ソ ナ ル モ チ ベ ー タ ー　石 井 裕 之 の ベ ス ト セ ラ ー

祥 伝 社 黄 金 文 庫

ダメな自分を救う本

人生を劇的に変える
アファメーション・テクニック

潜在意識を味方につければ、
キミの人生は頭で考える以上に劇的に変えられる

パーソナルモチベーター 石井裕之のベストセラー

祥伝社黄金文庫

自分を好きになれない キミへ

SNSでは癒せない孤独のために

「自分が嫌い」と思ったら、
「さっきまでの自分が嫌い」と言い換える
キミだけに語りかける「ダメな自分」の乗り越え方

パーソナルモチベーター　石井裕之のベストセラー

祥伝社の単行本

私の中のこの邪悪な感情をどうしよう？

自分のこころを壊さないためのヒント

怒り・憎しみ・悔しさ・不安・恐れ……
ネガティブな感情で自分を壊してしまわないために
著書累計250万部　伝説のパーソナルモチベーター、
11年ぶりの書き下ろし最新作！